L'ITALIANO CON I FUMETTI

RIGOLETTO

Adattamento: Enrico Lovato
Illustrazione di copertina e disegni: Enrico Simonato

direzione editoriale: Massimo Naddeo
redazione: Chiara Sandri
progetto grafico: Lucia Cesarone
impaginazione: Gabriel de Banos
copertina: Lucia Cesarone
illustrazione di copertina e disegni: Enrico Simonato

© 2014 Alma Edizioni
Printed in Italy
ISBN: 978-88-6182-315-0
Prima edizione: aprile 2014

Alma Edizioni
Viale dei Cadorna, 44
50129 Firenze
tel +39 055 476644
fax +39 055 473531
alma@almaedizioni.it
www.almaedizioni.it

Indice

Personaggi della storia

Rigoletto, buffone di corte

Il Duca di Mantova

Il Conte di Ceprano

La Contessa di Ceprano

Sparafucile, la guardia del corpo del Duca di Mantova

Gilda, la figlia di Rigoletto

Giovanna, la domestica di Rigoletto

Maddalena, l'amante del Duca di Mantova

GRAZIE DUCA PER LE SUE PAROLE!

FAI ATTENZIONE RIGOLETTO! IL CONTE È UN UOMO POTENTE E ORGOGLIOSO.

HA RAGIONE, IL MIO PADRONE SARÀ ANCHE UN DONGIOVANNI MA È L'UNICO CHE MI PROTEGGE.

AH, AH, AH, SENTI CHI PARLA! UN SERVO CHE VUOLE INSEGNARMI AD ESSERE UN BUON MARITO.

VENITE A SENTIRE! QUESTO BUFFONE VUOLE DIRMI COSA DEVO FARE CON MIA MOGLIE E INVECE È PROPRIO COME IL SUO PADRONE, ANCHE LUI NASCONDE UN'AMANTE.

MA COSA DICE?

IO SONO SOLO UN VECCHIO BUFFONE! NON HO MAI SENTITO UNA BUGIA COSÌ SCIOCCA!

l'italiano con i fumetti

CHI È LÀ?

BUONASERA CONTE, COSA SUCCEDE? LA FESTA È GIÀ FINITA?

AH, MARULLO, SEI TU? LA FESTA CONTINUA MA QUEL BUFFONE DI RIGOLETTO MI HA UMILIATO DAVANTI A TUTTI ED IO NON POSSO SOPPORTARLO. DEVO DIMOSTRARE CHE DICO LA VERITÀ E CHE RIGOLETTO HA UN'AMANTE. MI DEVI AIUTARE...

NON SI DEVE PREOCCUPARE! TUTTI HANNO DEGLI SCHELETRI NELL'ARMADIO, ANCHE RIGOLETTO. MA DOBBIAMO AGIRE QUESTA NOTTE...!

RIGOLETTO È PREOCCUPATO PER LA MALEDIZIONE DEL CONTE ED ESCE DAL PALAZZO.

IN CHE SITUAZIONE MI SONO MESSO PER DIFENDERE IL MIO PADRONE!

CON CHI STA PARLANDO IL CONTE? DI SICURO STARÀ PROGETTANDO QUALCOSA CONTRO DI ME.

l'italiano con i fumetti

LA FESTA CONTINUA MA L'ATMOSFERA È CAMBIATA. IL DUCA È MOLTO NERVOSO.

DOV'È ANDATO RIGOLETTO? QUANDO SERVE NON C'È MAI!

IL DUCA CAPISCE CHE FORSE È MEGLIO USCIRE. RIGOLETTO È SPARITO, ANCHE LA CONTESSA NON C'È PIÙ E TUTTI GLI INVITATI STANNO COMMENTANDO QUELLO CHE È SUCCESSO.

AVETE VISTO? IL DUCA HA SEDOTTO LA CONTESSA...

...L'HA TRATTATA COME UN TROFEO, COME FA SEMPRE CON TUTTE LE DONNE...

...MA PER FORTUNA LEI HA UN MARITO CHE LA DIFENDE!

DEVO USCIRE!

RIGOLETTO E SPARAFUCILE VANNO VERSO LA CASA DEL CONTE.

TAP
TAP
TAP
TAP
TAP

TAP
TAP
TAP
TAP

DEVO ALLONTANARE LA MALEDIZIONE DEL CONTE!

SONO DISPOSTO A TUTTO...

ECCO, SIAMO ARRIVATI. QUESTA È LA CASA DEL CONTE DI CEPRANO.

D'ACCORDO, RIGOLETTO! MA TUTTO HA UN PREZZO E LA NOTTE È LUNGA!

TI PREGO, SPARAFUCILE, CONTROLLA I SUOI MOVIMENTI E SE VEDI QUALCOSA DI SOSPETTO, AVVERTIMI!

NON TI PREOCCUPARE, IO SONO DISPOSTO A PAGARE PER IL TUO AIUTO!

l'italiano con i fumetti

l'italiano con i fumetti

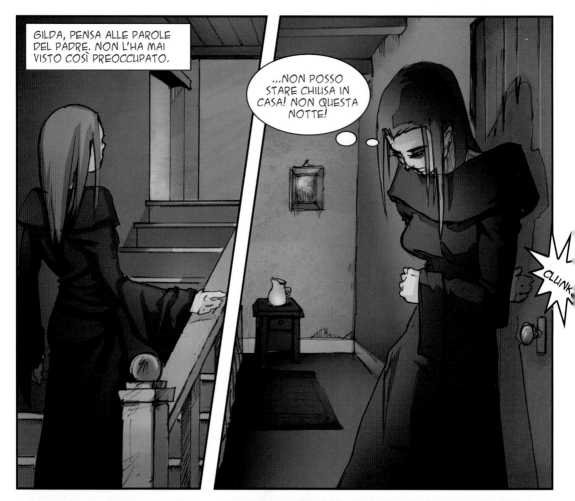

episodio 2

UN'OMBRA CAMMINA PER LE STRADE BUIE DI MANTOVA...

...E SI FERMA DAVANTI ALLA CASA DI RIGOLETTO.

ECCOLO, È LUI! DEVO USCIRE!

ECCOMI, AMORE MIO... FINALMENTE SEI ARRIVATO!

MI DISPIACE DISOBBEDIRE A MIO PADRE. USCIRÒ SOLO PER UN ATTIMO. NESSUNO MI VEDRÀ.

17

GILDA, SAI CHE NON POSSO STARE LONTANO DA TE.

NEANCH'IO! MA, ASCOLTA, C'È QUALCOSA CHE DEVO DIRTI!

PER QUALCHE GIORNO NON POTREMO VEDERCI. NON POSSO USCIRE DI CASA.

ALLORA BACIAMI!

SMACK

CHE NOTTE SFORTUNATA! NEANCHE GILDA VUOLE STARE CON ME.

Rigoletto

l'italiano con i fumetti

LA CITTÀ DI MANTOVA DORME TRANQUILLA. LA NOTTE È CALMA E LA LUNA SEMBRA L'UNICA TESTIMONE DI QUELLO CHE SUCCEDE.

GILDA!

FRUSH

ERA SOLO UN INCUBO. QUELLA MALEDIZIONE MI PERSEGUITA...

GIOVANNA, VIENI, PRESTO!

PADRONE, COSA SUCCEDE? PERCHÉ GRIDA?

Rigoletto

20

l'italiano con i fumetti

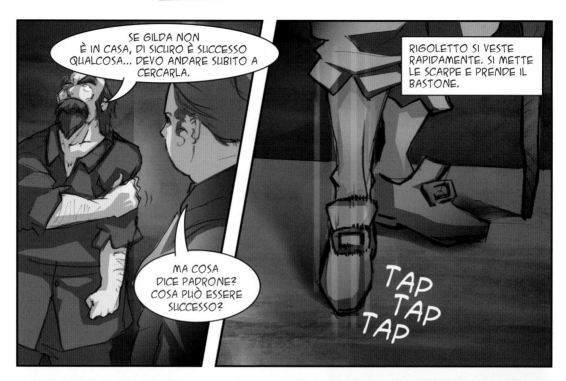

RIGOLETTO HA DECISO DI CHIEDERE AIUTO AL SUO PADRONE.

APRITE! APRITE! SONO IO, RIGOLETTO... APRITE!

MA A QUEST'ORA IL DUCA NON C'È. AL SUO POSTO C'È QUALCUN ALTRO...

OTTIMO! IL BUFFONE È CADUTO NELLA NOSTRA TRAPPOLA. ORA SCOPRIREMO LA VERITÀ. PORTATELO QUI!

CONTE, TUTTO PROCEDE SECONDO I NOSTRI PIANI. RIGOLETTO È QUI. È VENUTO PER CHIEDERE AIUTO AL DUCA, COME AVEVAMO PENSATO.

l'italiano con i fumetti

l'italiano con i fumetti

DEVO RACCONTARTI UN SEGRETO.

ALCUNE SETTIMANE FA HO CONOSCIUTO UNO STUDENTE, SI CHIAMA GUALTIERO.

COME? UNO STUDENTE? PERCHÉ NON MI HAI MAI PARLATO DI LUI?

È UN RAGAZZO MISTERIOSO. È GIOVANE, MA È GIÀ IMPORTANTE. IN CHIESA SIEDE SEMPRE IN PRIMA FILA CON I NOBILI DI MANTOVA.

SONO INNAMORATA DI LUI, E QUESTA NOTTE È VENUTO DA ME. ECCO PERCHÉ SONO USCITA SENZA IL TUO PERMESSO.

episodio 4

l'italiano con i fumetti

COME È POSSIBILE? SONO ANCORA INNAMORATA DI LUI!

LE SUE PAROLE D'AMORE, I SUOI OCCHI, I SUOI BACI, LE SUE PROMESSE...

NON POSSO DIMENTICARE TUTTO QUESTO IN UNA NOTTE! DEVO FARE QUALCOSA PER CALMARE IL MIO CUORE!

NELL'OSCURITÀ SI AVVICINA QUALCUNO.

SPARAFUCILE, COSA FAI QUI? NON DOVEVI AIUTARMI?

IO HO FATTO IL MIO LAVORO. HO CONTROLLATO I MOVIMENTI DEL CONTE, COME MI HAI DETTO...

ALLORA SAI COSA MI È SUCCESSO! E PERCHÉ NON MI HAI AIUTATO?

SO TUTTO, RIGOLETTO! TUTTO È BENE QUEL CHE FINISCE BENE!

NON NE SONO COSÌ CONVINTO. QUELLA MALEDIZIONE MI PERSEGUITA.

l'italiano con i fumetti

Rigoletto

episodio 5

RIGOLETTO PRENDE GILDA TRA LE BRACCIA MENTRE IL SUO DOLORE,
COME IL TEMPORALE, CADE SU TUTTA LA CITTÀ...

FINE

l'italiano con i fumetti

uno *Leggi il primo episodio di "Rigoletto" e rispondi alle domande.*

1. Chi è Rigoletto?
- ☐ **a.** Una guardia del corpo.
- ☐ **b.** Un buffone di corte.
- ☐ **c.** Un servitore del Conte di Ceprano.

2. Perché il Duca di Mantova è gentile con la Contessa di Ceprano?
- ☐ **a.** Perché vuole sedurla.
- ☐ **b.** Perché da tempo è innamorato di lei.
- ☐ **c.** Perché è un'invitata alla sua festa.

3. Perché il Conte di Ceprano si arrabbia con Rigoletto?
- ☐ **a.** Perché Rigoletto ha sedotto sua moglie.
- ☐ **b.** Perché Rigoletto lo ha umiliato e offeso.
- ☐ **c.** Perché Rigoletto lo ha cacciato dalla festa.

4. Di cosa è accusato Rigoletto dal Conte di Ceprano?
- ☐ **a.** Di non essere un buon servitore.
- ☐ **b.** Di avere un'amante segreta.
- ☐ **c.** Di essere un ladro.

5. Cosa fa Rigoletto quando il Conte di Ceprano lo maledice?
- ☐ **a.** Ride a voce alta.
- ☐ **b.** È preoccupato.
- ☐ **c.** Va a ballare.

6. Perché il Conte di Ceprano esce dal Palazzo del Duca di Mantova?
- ☐ **a.** Perché la festa è finita.
- ☐ **b.** Perché si sente umiliato.
- ☐ **c.** Perché il Duca dice alle guardie di portarlo via.

due *Associa le frasi ai pronomi corretti e trasformale, come nell'esempio.*

1. Ecco il Duca di Mantova!   → mi   *Eccomi!* _____

2. Ecco il Conte di Ceprano e sua moglie!   lo _____

3. Ecco le donne di Mantova!   li _____

4. Ecco gli invitati!   la _____

5. Ecco la Contessa di Ceprano!   le _____

6. *Ecco, sono Rigoletto!* ———   li _____

tre

Scrivi le parole della lista al posto giusto.

| il cappuccio | il bastone | la manica | i pantaloni | la giacca | le scarpe |

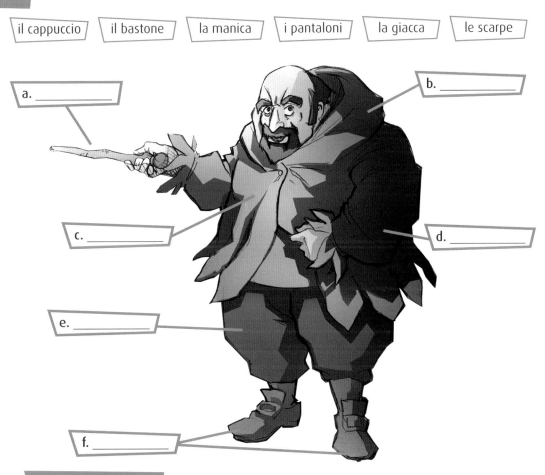

a. _____

b. _____

c. _____

d. _____

e. _____

f. _____

Il buffone di corte

Il buffone, o giullare, ha sempre avuto un ruolo importante nella società durante i secoli. La sua ironia e la sua allegria servivano per portare il sorriso nel pubblico che assisteva agli spettacoli. Questo tipo di arte di intrattenimento era molto apprezzata non solo dal popolo, ma anche dai nobili signori che spesso ospitavano e pagavano giullari per animare le feste e le cene ma anche per "far attaccare" verbalmente i propri avversari. A un giullare, a un buffone di corte è dedicata una delle più famose opere liriche di Giuseppe Verdi: "Rigoletto". In questa opera l'usanza dei giullari di deridere e prendersi gioco delle debolezze degli altri, a volte per volere del proprio signore-protettore, sarà la causa e l'inizio di una vera e propria tragedia.

Ti piace la musica lirica? Quali opere conosci?

quattro

Completa le battute sottolineando le preposizioni corrette.

1 Un po' di rispetto per / con / sopra il Duca di Mantova!

2 La mia maledizione cadrà a / su di / in te!

3 Dovrai controllare i suoi movimenti e scoprire cosa ha dentro la / per la / in mente.

4 Rigoletto e Sparafucile vanno lungo la / verso la / alla casa del Conte di Ceprano.

TAP TAP TAP TAP

5 Io sono disposto a / di / per pagare per il tuo aiuto.

cinque — *Completa le battute con la forma progressiva (stare + gerundio) dei verbi della lista, come nell'esempio.*

| commentare | disturbare | ~~insultare~~ | parlare |

1. Maledizione, chi pensa di essere questo buffone? Mi _sta insultando_ solo perché il Duca lo protegge.
2. Guardie, portate fuori il Conte di Ceprano, _____ la mia festa.
3. Con chi _____ il Conte?
4. Il Duca capisce che forse è meglio uscire. Rigoletto è sparito. Anche la contessa non c'è più e tutti gli invitati _____ quello che è successo.

sei — *Leggi la battuta di Marullo e rispondi alla domanda.*

NON SI DEVE PREOCCUPARE! TUTTI HANNO DEGLI SCHELETRI NELL'ARMADIO, ANCHE RIGOLETTO. MA DOBBIAMO AGIRE QUESTA NOTTE...!

Cosa significa l'espressione "avere degli scheletri nell'armadio"?

☐ **a.** Avere dei segreti imbarazzanti da nascondere.
☐ **b.** Dire bugie.

Riassunto episodio 1

Completa il testo con le parole mancanti.

La storia si svolge a Mantova, nel XVI secolo. A _____ Ducale, durante una festa, il Duca di Mantova corteggia la Contessa di Ceprano. Suo _____ interviene per difenderla ma Rigoletto, il buffone di corte, lo deride di fronte a tutti. Per difendersi, il Conte di Ceprano racconta a tutti che Rigoletto, anche se vecchio e gobbo, avrebbe un'_____ . Rigoletto lo deride di nuovo, aumentando così l'ira del Conte che lo maledice. Il Duca ordina alle sue _____ di allontanare il Conte dalla festa, ma sente che l'atmosfera tra gli ospiti è cambiata. Decide allora di allontanarsi. Anche Rigoletto, spaventato per la _____, esce dal palazzo e vede il Conte che parla con uno dei suoi uomini. Nel cortile Rigoletto incontra Sparafucile, una guardia del corpo, e gli chiede _____ per evitare la maledizione del Conte.

uno

Leggi il secondo episodio di "Rigoletto" e scrivi nell'ultima colonna chi compie le azioni seguenti. Poi mettile in ordine cronologico nella prima colonna, come nell'esempio

Gilda	Rigoletto	Gilda e Giovanna	uno sconosciuto

n°		azione		chi
	→	sono in casa quando arriva Rigoletto	→	
	→	mentre torna a casa viene rapita	→	
	→	ascolta Rigoletto, ma gli nasconde un segreto	→	
1	→	torna a casa di corsa perché è preoccupato	→	*Rigoletto*
	→	riconosce il suo amante ed esce	→	
	→	nella notte si avvicina alla casa di Rigoletto	→	
	→	parla con il suo amante e lo bacia	→	

due

Osserva l'immagine, leggi le frasi e <u>sottolinea</u> la forma corretta, come nell'esempio.

1. Le scale sono <u>in fondo alla</u> / al centro della stanza.
2. Gilda e Giovanna sono sedute davanti / di fianco a Rigoletto.
3. La candela è al centro / a un lato del tavolo.
4. Il pane è vicino / intorno alla candela.
5. La bottiglia di vino è dietro / davanti a Giovanna.
6. Rigoletto, Gilda e Giovanna sono seduti intorno al / a destra del tavolo.

tre

Completa i testi con i pronomi delle liste.

gli	le	la	lo	lo

a. Rigoletto torna a casa preoccupato e chiama Gilda, sua figlia. _____ abbraccia e _____
spiega cosa è successo alla festa del Duca. Gilda _____ ascolta attentamente e _____
promette che non uscirà di casa. Ma quando arriva il suo amante, Gilda esce lo stesso per
veder_____.

gli	le	le	lo	lo

b. Il Duca di Mantova cammina verso la casa di Gilda. Quando lei _____ vede esce subito
di casa. Il Duca _____ confessa il suo amore. Gilda però _____ dice che suo padre
_____ ha ordinato di non uscire di casa, per questo motivo non _____ potrà vedere per
un po' di tempo.

quattro

Ricomponi alcune battute del secondo episodio, come nell'esempio.

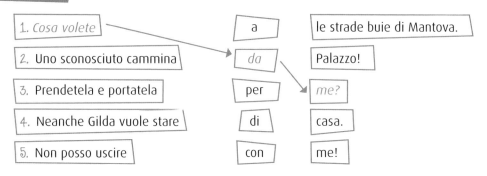

1. *Cosa volete*   a   le strade buie di Mantova.
2. Uno sconosciuto cammina   *da*   Palazzo!
3. Prendetela e portatela   per   *me?*
4. Neanche Gilda vuole stare   di   casa.
5. Non posso uscire   con   me!

l'italiano con i fumetti

Cinque

Scrivi le parole della lista al posto giusto.

le ciglia | la fronte | le labbra | il naso | gli occhi | le sopracciglia

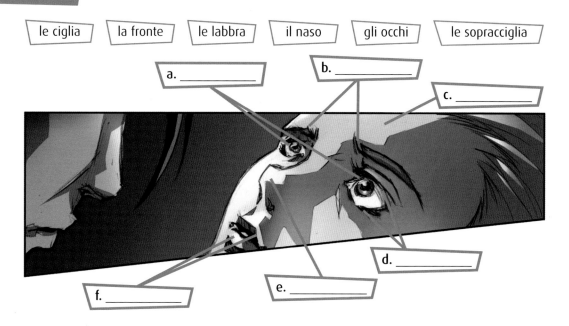

a. _____

b. _____

c. _____

d. _____

e. _____

f. _____

Essere un "dongiovanni"

La parola "dongiovanni" si usa quando si parla di un uomo, galante e intraprendente che ama corteggiare le donne. Il termine viene dal nome di Don Giovanni Tenorio, protagonista di una leggenda raccontata in un'opera dello scrittore spagnolo Tirso de Molina (1584-1648) e, in seguito, in numerose altre opere letterarie e musicali come ad esempio il "Don Giovanni" di Wolfgang Amadeus Mozart (1787). In italiano una persona che ha la fama di numerose conquiste femminili può essere chiamato anche donnaiolo o Casanova.

Quali parole esistono nella tua lingua per tradurre questa espressione? Ha un significato negativo o positivo? Perché?

sei

Trasforma le frasi, estratte dal secondo episodio di "Rigoletto", dall'informale al formale e viceversa, come nell'esempio.

INFORMALE	FORMALE
Ah, sei tu... ma perché gridi così?	
	Venga, andiamo a tavola, devo parlarLe!
	Sa che Le vogliamo bene.
Ora devi mangiare e andare a riposare. Hai avuto una giornata pesante.	Ora deve mangiare e andare a riposare. Ha avuto una giornata pesante.
	Sa che non posso stare lontano da Lei.
	Ascolti, c'è qualcosa che devo dirLe!

sette

Guarda la vignetta, lascia libera la fantasia e scrivi nel balloon cosa pensa lo sconosciuto.

Riassunto episodio 2

Completa il testo con le parole mancanti.

Rigoletto, preoccupato, torna a _____ e pensa a quello che è successo durante la serata e soprattutto alla maledizione del Conte di Ceprano che lo spaventa seriamente. A casa abbraccia Gilda, sua _____, e chiama anche la _____ Giovanna per raccontare la sua preoccupazione. Rigoletto invita Giovanna a sorvegliare Gilda e ordina a Gilda di non uscire perché ha paura che possa succedere qualcosa. Gilda però non racconta al padre che da poco ha conosciuto un giovane che le ha dichiarato il suo _____. Gilda non sa che lo sconosciuto è il Duca di Mantova. Lei è molto innamorata, ed esce per vederlo. I due si baciano. Mentre Gilda sta tornando a casa, alcuni _____ la fermano e la rapiscono.

l'italiano con i fumetti

uno

Completa le frasi con il personaggio giusto.

| Conte di Ceprano | Duca di Mantova | Gilda | Giovanna | Rigoletto |

1. _____ si sveglia da un incubo e chiama la domestica _____.
2. _____ è preoccupato perché _____ non è nella sua stanza.
3. _____ va a Palazzo Ducale per chiedere aiuto al _____.
4. Il _____ aspetta Rigoletto a Palazzo Ducale.
5. Il _____ crede che _____ sia l'amante di Rigoletto.
6. Alla fine il Conte di Ceprano capisce l'errore e lascia andare _____ e
   _____.

due

Completa le battute, tratte dai primi tre episodi, con gli avverbi della lista.

| rapidamente | certamente | finalmente | finalmente |

1. Duca di Mantova: Posso invitarla a ballare?
   Contessa di Ceprano: Che dongiovanni quest'uomo! _____ mio marito non
   sarà d'accordo.
2. Gilda: Eccomi, amore mio... _____ sei arrivato.
3. Rigoletto si veste _____. Si mette le scarpe e prende il bastone.
4. Conte di Ceprano: _____ ci rivediamo, Rigoletto!

Ora completa le frasi con gli avverbi derivati dagli aggettivi tra parentesi.

a. Rigoletto si sveglia (*improvviso*) _____ perché ha avuto un incubo.
b. Rigoletto pensa (*costante*) _____ alla maledizione del Conte di Ceprano.
c. Rigoletto reagisce (*furioso*) _____ quando scopre che Gilda è stata rapita.
d. Il Conte di Ceprano è (*sincero*) _____ convinto che Gilda sia l'amante di
   Rigoletto.

tre *Scrivi le parole della lista al posto giusto.*

l'arco   il capitello   la colonna   la finestra   il porticato   il portone

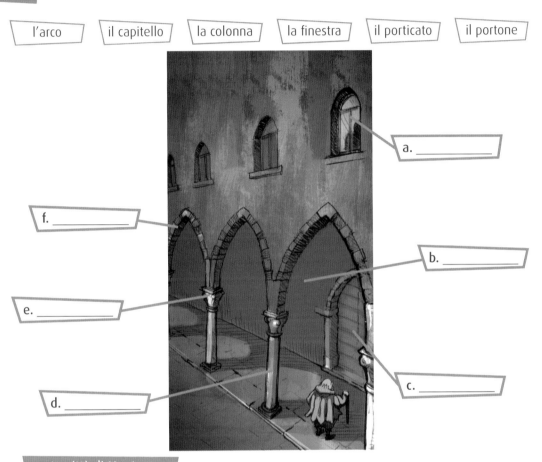

a. _____

f. _____

b. _____

e. _____

c. _____

d. _____

La città di Mantova

Si trova in Lombardia, sulle rive del fiume Mincio. È una città ricca di opere d'arte, palazzi e musei. Il suo periodo di massimo splendore inizia con la famiglia Gonzaga che governa la città per quasi quattro secoli. La famiglia Gonzaga ha origini umili, ma diventa poco a poco molto importante. I Gonzaga riescono a governare la città a lungo facendola diventare il centro degli scambi commerciali della Pianura Padana e riempiendola di moltissime opere d'arte. Il Palazzo Ducale era una delle residenze più famose del Seicento, non tanto per il lusso delle sue stanze ma perché molti letterati e artisti venivano ospitati in questo luogo. La città, con le sue piazze, le sue chiese e i suoi palazzi, sembra un immenso scenario fatto di tanti teatri all'aperto.

Conosci altre città italiane? Prova a descriverne una.

quattro

Completa le battute del dialogo con i verbi tra parentesi, coniugati al modo e tempo corretto.

Conte, tutto (*procedere*) _____
secondo i nostri piani.
Rigoletto (*essere*) _____ qui.
(*Venire*) _____ per chiedere
aiuto al Duca, come (*pensare*) _____ .

Ottimo! Il buffone (*cadere*) _____
nella nostra trappola. Ora (*scoprire*) _____
la verità. (*Portare+lo*) _____ qui!

cinque

Guarda la vignetta, lascia libera la fantasia e scrivi nel balloon quale segreto nasconde Gilda secondo Rigoletto.

Riassunto episodio 3

Completa il testo con le parole mancanti.

Rigoletto si _____ nel cuore della notte. La maledizione del Conte di Ceprano non lo lascia dormire e crede che qualcosa di brutto succederà alla sua famiglia. Per questo motivo, quando scopre che la stanza di sua figlia, Gilda, è vuota, non perde tempo e _____ di andare a cercarla. _____ di casa e cammina per la città. Alla fine decide di _____ aiuto al suo padrone, il Duca di Mantova, e va verso il Palazzo Ducale. Nel Palazzo, però, non c'è il Duca, ma si nasconde il Conte di Ceprano, che ha rapito Gilda. Il Conte non _____ che in realtà Gilda è la figlia di Rigoletto, non la sua amante. Rigoletto ordina di liberare sua figlia e il Conte, che ha capito il suo errore, la _____ andare.

uno *Leggi il quarto episodio di "Rigoletto" e indica se le frasi seguenti sono vere o false.*

	VERO	FALSO
1. Gilda non vuole raccontare il suo segreto a Rigoletto.		
2. Gilda dice al padre che ama uno studente di nome Gualtiero.		
3. Rigoletto non capisce perché hanno rapito sua figlia.		
4. Gilda crede alle parole di suo padre.		
5. Gilda scopre che lo studente che ama in realtà è il Duca di Mantova.		

La donna è mobile

"La donna è mobile" è la canzone che il Duca di Mantova canta nel terzo ed ultimo atto del "Rigoletto" di Giuseppe Verdi (1813-1901). È sicuramente uno dei brani operistici più popolari. Lo hanno cantato molti tenori internazionali, come Luciano Pavarotti, Plácido Domingo e José Carreras. La leggenda racconta che Verdi aveva proibito la diffusione di questa canzone per non rovinare l'effetto e la sorpresa dell'opera che doveva andare in scena al teatro "La Fenice" di Venezia (1851). Questo tipo di canzoni nel linguaggio dell'opera si chiamano *arie*.

Di cosa parla questa canzone? Conosci altre arie di opere italiane?

esercizi / episodio 4

due *Leggi il testo della canzone "La donna è mobile", una delle più note dell'opera "Rigoletto", e associa ogni strofa al significato corrispondente, come nell'esempio.*

STROFA	SIGNIFICATO
1 La donna è mobile / qual piuma al vento, / muta d'accento e di pensier.	a. Le donne non sono mai sincere, sia quando piangono sia quando ridono.
2 Sempre un amabile / leggiadro viso, / in pianto o in riso, è menzogner.	b. Solo con una donna ci si può sentire completamente felici.
3 È sempre misero / chi a lei s'affida, / che le confida, mal cauto il cor!	c. Le donne cambiano facilmente idea e atteggiamento.
4 Pur mai non sentesi / felice appieno / chi su quel seno non liba amor!	d. Chi si fida delle donne è destinato ad essere infelice.

1/ ___; 2/ ___; 3/ ___; 4/ _b_.

tre *Completa le battute, tratte dai primi quattro episodi, coniugando al futuro i verbi tra parentesi.*

1. Conte di Ceprano: Silenzio buffone! Nessuno ha mai detto bugiardo al conte di Ceprano! Ho le prove di quello che dico e tutti presto (*sapere*) _____ chi è il vero bugiardo.
2. Conte di Ceprano: Tra noi non finisce qui, Rigoletto! La mia maledizione (*cadere*) _____ su di te.
3. Gilda: Non ti preoccupare, padre. Non (*succedere*) _____ niente! (*Vedere*) _____ che (*andare*) _____ tutto bene.
4. Gilda: Mi dispiace disobbedire a mio padre. (*Uscire*) _____ solo per un attimo. Nessuno mi (*vedere*) _____.
5. Rigoletto: Io non mi sbaglio, Gilda! Vieni, ti (*mostrare*) _____ chi è in realtà il tuo innamorato!

l'italiano con i fumetti

quattro

Metti in ordine le parole delle battute del dialogo.

ai · credo · è · miei · non · non · occhi · possibile

_____ _____ _____ ! _____
_____ _____ _____ _____ !

al · come · donne · le · piume · sono · vento

_____ _____ _____
_____ _____ _____
_____ ...

a · birra · buonasera · favore · per · tutti · una

_____ _____ _____ !
_____ _____ , _____
_____ .

cinque *Guarda la vignetta, lascia libera la fantasia e scrivi nel balloon cosa ha in mente di fare Gilda.*

Riassunto episodio 4

Completa il testo con le parole mancanti.

Gilda e Rigoletto escono dal Palazzo. Gilda racconta a suo padre che alcune settimane
_____ ha conosciuto un ragazzo e si è innamorata. Quella notte,
è uscita per incontrarlo ma, _____ ritornava a casa, qualcuno l'ha
rapita. Rigoletto le dice che gli uomini del Conte di Ceprano l'hanno scambiata per
la sua amante. Le spiega anche che in realtà il ragazzo che ha conosciuto non è uno
studente, ma è il Duca di Mantova. Decide allora di mostrare a Gilda che il Duca è un
_____ che seduce tutte le donne della città. A questo punto Rigoletto
porta Gilda in una _____ dove il Duca si sta divertendo. Gilda non crede
ai suoi _____ e piange di dolore. Rigoletto le ordina di tornare a casa e
di dimenticare la brutta avventura. Ma Gilda non può dimenticare un amore così forte e
decide di fare qualcosa.

esercizi / episodio 5

uno

Leggi il quinto episodio di "Rigoletto" e rispondi alle domande.

1. Perché Gilda indossa un vestito da uomo?
- ☐ a. Perché vuole scappare da Mantova senza essere riconosciuta.
- ☐ b. Perché vuole andare alla locanda senza essere riconosciuta.
- ☐ c. Perché ha freddo e sta per piovere.

2. Perché il Duca di Mantova aggredisce Sparafucile?
- ☐ a. Perché sta bevendo alcolici.
- ☐ b. Perché è geloso di Gilda.
- ☐ c. Perché è geloso di Maddalena.

3. Dove vuole trascorrere la notte il Duca di Mantova?
- ☐ a. A Palazzo Ducale.
- ☐ b. A casa di Gilda.
- ☐ c. Alla locanda.

4. Perché Gilda ha portato con sé un pugnale?
- ☐ a. Perchè vuole uccidere il Duca di Mantova.
- ☐ b. Perchè vuole uccidere Maddalena.
- ☐ c. Perchè vuole uccidere Sparafucile.

5. Perché Sparafucile uccide Gilda?
- ☐ a. Perché è geloso.
- ☐ b. Perché non la riconosce e vuole difendere il Duca.
- ☐ c. Perché è ubriaco.

6. Perché Rigoletto torna alla locanda?
- ☐ a. Perché sta piovendo.
- ☐ b. Perché vuole bere qualcosa con Sparafucile.
- ☐ c. Perché vuole parlare con il Duca di Mantova.

due

Trasforma le frasi dal presente al passato (utilizzando il passato prossimo e l'imperfetto), e viceversa.

PRESENTE	PASSATO
Gilda vuole capire se le parole del Duca sono solo bugie.	
Sparafucile dice che quell'uomo ha un pugnale ed è pericoloso.	
	Il Duca ha capito che quell'uomo misterioso in realtà era Gilda.
	Sparafucile ha detto che non potevano lasciare il corpo di Gilda per terra.
Rigoletto dice che deve tornare alla locanda ad aspettare la fine del temporale.	

tre *Scrivi le parole della lista al posto giusto.*

| il bavero | i capelli | il cappello | i guanti | il mantello | il pugnale |

a. _____

f. _____

b. _____

e. _____

d. _____

c. _____

"Rigoletto" di Giuseppe Verdi

"Rigoletto" (dal francese *rigoler* che significa scherzare) è un'opera in tre atti di Giuseppe Verdi (1813-1901) su libretto di Francesco Maria Piave. La scena è ambientata a Mantova nel XVI secolo. I personaggi principali sono il Duca, Rigoletto (il buffone), Gilda (la figlia di Rigoletto), Sparafucile e Maddalena. Il motivo principale dell'opera è la maledizione che perseguita Rigoletto dall'inizio alla fine e termina con la morte di sua figlia. La figura del buffone non era nuova nell'opera europea, ma nell'opera di Verdi diventa simbolo di un dramma di passione, di tradimento, di amore tra padre e figlia e soprattutto di vendetta. La forza drammatica di quest'opera mette in evidenza i problemi sociali e la condizione femminile di quel determinato momento storico.

Quali sono, secondo te, gli altri temi trattati nell'opera "Rigoletto"?

quattro *Metti in ordine le parole delle battute del dialogo.*

| con | riconoscerà | mi | nessuno |

| questo | da | uomo | vestito |

| che | fatto | hai | mi |

| pagherai | per | quello | traditore |

_____ _____ _____
_____ _____, _____
_____ _____.

_____, _____ _____
_____ _____ _____
_____ _____ _____
_____!

| attenzione | ha | pugnale |

| quell' | un | uomo |

_____, _____ _____
_____ _____ _____!

Rigoletto

cinque

Guarda la vignetta, lascia libera la fantasia e scrivi nel balloon cosa pensa Rigoletto.

Riassunto episodio 5

Completa il testo con le parole mancanti.

Rigoletto sta ritornando a casa ma incontra Sparafucile che lo invita a bere qualcosa. Rigoletto però è deluso e decide di andare a casa. Nella locanda Sparafucile incontra il Duca di Mantova e la sua _____, Maddalena, che bevono e si divertono. Gilda decide di vestirsi da _____ e di tornare indietro alla locanda. Quando entra e vede il Duca che bacia Maddalena, perde il controllo. Prende un _____ e decide di uccidere il Duca, ma Sparafucile le spara e la uccide. Anche Rigoletto decide di tornare alla locanda a causa del _____, ma quando entra vede la figlia morta. Disperato, si lancia sul _____ di Gilda e piange per la maledizione che è caduta su di lui.

l'italiano con i fumetti

EPISODIO 1

1. 1/b; 2/a; 3/b; 4/b; 5/b; 6/c.
2. 1. Eccolo!; 2. Eccoli!; 3. Eccole!; 4. Eccoli!; 5. Eccola!; 6. *Eccomi!*.
3. a. il bastone; b. il cappuccio; c. la giacca; d. la manica; e. i pantaloni; f. le scarpe.
4. 1. per; 2. su di; 3. in; 4. verso la; 5. a.
5. 1. *sta insultando*; 2. sta disturbando; 3. sta parlando; 4. stanno commentando.
6. a.

Riassunto episodio 1: Palazzo, marito, amante, guardie, maledizione, aiuto.

EPISODIO 2

1. 2/sono in casa quando arriva Rigoletto - Gilda e Giovanna; 7/mentre torna a casa viene rapita - Gilda; 3/ascolta Rigoletto, ma gli nasconde un segreto - Gilda; *1/torna a casa di corsa perché è preoccupato - Rigoletto*; 5/riconosce il suo amante ed esce - Gilda; 4/nella notte si avvicina alla casa di Rigoletto - uno sconosciuto; 6/parla con il suo amante e lo bacia - Gilda.
2. 1. *in fondo alla*; 2. davanti; 3. al centro; 4. vicino; 5. davanti; 6. intorno al.
3. a. La, le, lo, gli, *veder*lo; b. lo, le, gli, le, lo.
4. 1. *Cosa volete da me?*; 2. Uno sconosciuto cammina per le strade buie di Mantova; 3. Prendetela e portatela a Palazzo!; 4. Neanche Gilda vuole stare con me!; 5. Non posso uscire di casa.
5. a. gli occhi; b. le sopracciglia; c. la fronte; d. le ciglia; e. il naso; f. le labbra.
6. INFORMALE: Vieni, andiamo a tavola, devo parlarti!; Sai che ti vogliamo bene; *Ora devi mangiare e andare a riposare. Hai avuto una giornata pesante*; Sai che non posso stare lontano da te; Ascolta, c'è qualcosa che devo dirti; FORMALE: Ah, è Lei... ma perché grida così?.

Riassunto episodio 2: casa, figlia, domestica, amore, uomini.

EPISODIO 3

1. 1. Rigoletto, Giovanna; 2. Rigoletto, Gilda; 3. Rigoletto, Duca di Mantova; 4. Conte di Ceprano; 5. Conte di Ceprano, Gilda; 6. Rigoletto, Gilda.
2. 1. Certamente; 2. finalmente; 3. rapidamente; 4. Finalmente; a. improvvisamente; b. costantemente; c. furiosamente; d. sinceramente.
3. a. la finestra; b. il porticato; c. il portone; d. la colonna; e. il capitello; f. l'arco.
4. procede, è, È venuto, avevamo pensato; è caduto, scopriremo, Portatelo.

Riassunto episodio 3: sveglia, decide, Esce, chiedere, sa, lascia.

EPISODIO 4

1. 1/falso; 2/vero; 3/falso; 4/vero; 5/vero.
2. 1/c; 2/a; 3/d; 4/*b*.
3. 1. sapranno; 2. cadrà; 3. succederà, Vedrai, andrà; 4. Uscirò, vedrà; 5. mostrerò.
4. 1. Non è possibile! Non credo ai miei occhi!; 2. Le donne sono come piume al vento...; 3. Buonasera a tutti! Una birra, per favore.

Riassunto episodio 4: fa, mentre, dongiovanni, locanda, occhi.

EPISODIO 5

1. 1/b; 2/c; 3/c; 4/a; 5/b; 6/a.
2. PRESENTE: Il Duca capisce che quell'uomo misterioso in realtà è Gilda, Sparafucile dice che non possono lasciare il corpo di Gilda per terra; PASSATO: Gilda voleva capire se le parole del Duca erano/fossero solo bugie, Sparafucile ha detto che quell'uomo aveva un pugnale ed era pericoloso, Rigoletto ha detto che doveva tornare alla locanda ad aspettare la fine del temporale.
3. a. il mantello; b. i capelli; c. i guanti; d. il pugnale; e. il bavero; f. il cappello.
4. 1. Con questo vestito da uomo, nessuno mi riconoscerà; 2. Traditore, pagherai per quello che mi hai fatto!; 3. Attenzione, quell'uomo ha un pugnale!.

Riassunto episodio 5: amante, uomo, pugnale, temporale, corpo.